DES

LANGUES ROMANES

PAR

MICHEL DE YERMOLOFF

PARIS

IMPRIMERIE GÉNÉRALE D'ADRIEN DELCAMBRE ET Cie

15, RUE BREDA

—

1854

DES

LANGUES ROMANES.

DES

LANGUES ROMANES,

PAR

MICHEL DE YERMOLOFF

PARIS,
Imprimerie générale d'Ad. DELCAMBRE et Cᵉ,
RUE BREDA, 15.

DES

LANGUES ROMANES

La substance de ce petit travail a été tirée d'un article, ancien déjà, d'une Revue allemande, tombée par hasard entre nos mains.

L'auteur y répondait à certain factum d'un savant de son pays[1], dirigé, à ce qu'il paraît, contre les langues romanes, et cela dans l'intérêt du classique latin et des idiomes germaniques. En ce qui nous concerne, nous eussions jugé au moins utile de nous étendre sur les mérites de notre langue et des autres de la même famille, mais, sortie de la plume d'un philosophe tudesque, une telle apologie n'était pas sans valeur. D'ailleurs, dans cet écrit, nous avons cru trouver plusieurs particularités curieuses, et c'est ce qui nous a décidé à le publier, en nous permettant seulement de le compléter, et d'en modifier sous quelques rapports la forme extérieure.

I.

Les langues, appelées *romanes* à cause de leur descendance du latin ou ancien romain, constituent l'une des branches les plus importantes de la grande famille de nos idiomes modernes. Ces langues, dont l'usage s'étend sur la plus belle moitié de l'Europe et une partie considérable de l'Amérique, et qui ont donné naissance à des littératures justement célèbres, présentent en outre, dans toute l'histoire de leur formation et de leurs développements, un vaste sujet d'observations et de recherches curieuses. Néanmoins, c'est de nos jours seulement, à la suite des progrès récents de la philologie, et de son admission au rang des sciences positives, que beaucoup de savants d'outre-Rhin, admirateurs exclusifs de la littérature appelée classique, ont commencé d'accorder une attention plus sérieuse aux idiomes romans, jusque-là qualifiés par eux de pauvres et d'incomplets, assertion fort injuste, et que nous essaierons de combattre dans les pages suivantes.

Nous ne saurions, dans ce court opuscule, nous occuper superficiellement de ce qui se rapporte à l'histoire littéraire des langues romanes, et nous devons nous borner à quelques considérations générales sur leur origine, leur génie et leur caractère distinctifs, en commençant par un tableau fort succinct de leur répartition dans les diverses contrées qu'elles occupent à l'époque actuelle.

Partant de l'extrémité sud-ouest de notre continent, nous les voyons dominer dans toute l'étendue de la péninsule ibérique, à l'exception de quelques districts situés le long des pentes et dans le massif même des Pyrénées, où règne encore l'antique idiome basque (Eskuara), idiome peu connu jusqu'ici, mais qui doit vraisemblablement être rangé dans la grande classe des langues indo-germaniques. Ici et tout d'abord s'offrent à nous deux dialectes fondamentaux qui, bien que provenant d'une source commune et possédant une structure analogue, diffèrent néanmoins sensiblement l'un de l'autre, principalement quant à la nature des sons et au mode de prononciation. Ces deux dialectes sont le portugais et l'espagnol.

Les habitants du Portugal s'étaient affranchis les premiers de la domination mauresque, il en est résulté que leur langue ne présente qu'un fort petit nombre de locutions d'origine arabe, et qu'on n'y rencontre aucune de ces intonations gutturales qui existent encore dans l'espagnol, mais par contre aussi, nous y trouvons une assez grande quantité de sons et de mots empruntés au français (tels que des consonnes doucement sifflantes et des inflexions nasales), et dont l'origine tient sans doute à l'influence exercée par la cour et les compagnons de Henri de Bourgogne, premier roi de cette contrée. Au total, la prononciation du portugais est marquée d'un caractère particulier de douceur, autant par la manière d'articuler les consonnes, que par celle de faire sentir certaines voyelles, par exemple les voyelles *a* et *o* qu'on rend le plus souvent par *ai* et *ou*. Enfin, et quant à la littérature portugaise, les plus anciens monuments qui nous en restent remontent aussi haut que la seconde moitié du XIIe siècle.

Le langage intermédiaire entre le portugais et l'espagnol est le dialecte galicien, où nous trouvons des constructions appartenant à chacune de ces langues, souvent juxtaposées, sans néanmoins se mêler ni se confondre. Cependant, c'est en général le portugais qui domine (1).

Après le galicien vient le dialecte du royaume de Léon qui, lui aussi, possédait jadis une sorte de littérature locale, où l'on remarquait entre autres un grand poëme héroïque et chevaleresque, intitulé *Les hauts faits d'Alexandre le Grand*, composé dans le XIIIe siècle. Ici les traces du portugais s'effacent de plus en plus pour faire place à l'espagnol véritable, dont l'entier développe-

---

(1) Le galicien a subsisté à l'état de langue littéraire jusque vers le milieu du XVIe siècle. Il existe encore de cette littérature quelques écrits du roi Alphonse le Sage, qui régna de 1252 à 1284.

ment se trouve atteint dans le dialecte castillan, élevé depuis longtemps au rang de langue dominante et officielle de la monarchie. Aussi, et de nos jours encore, au lieu de dire langue espagnole, *lengua espanola*, dit-on fréquemment, langue castillane, *lengua castellana*. Ajoutons que cette prépondérance du castillan tient non-seulement à la situation centrale et aux destinées politiques de la Castille, mais surtout aux richesses littéraires et aux beautés inhérentes à l'idiome lui-même, qui combine de la manière la plus heureuse les diverses particularités des autres dialectes de la Péninsule. Et en effet, aucune des langues de la famille romane ne possède, à l'égal du castillan, cette union de la grâce avec la force et la dignité, image fidèle du caractère à la fois fier et doux, calme et énergique, de la noble nation espagnole.

Passant maintenant de l'espagnol aux langues du midi de la France, nous rencontrons d'abord, comme dialecte de transition, le catalan, plus les deux autres dialectes voisins d'Aragon et de Valence, dont on peut dire en général (et du catalan principalement), qu'ils se rapprochent plus encore du français de nos provinces méridionales que du castillan pur, aussi avaient-ils été autrefois tous compris sous une dénomination commune et collective, celle de *langue limousine*. Cet idiome mitoyen, doué dans certaines accentuations de plus de douceur, dans d'autres de plus de dureté que l'espagnol, s'étend sur la totalité des îles Baléares, sur la partie nord-ouest de la Sardaigne, et se prolonge assez avant dans l'intérieur de la France, au travers du Roussillon.

La langue française, de toutes les langues romanes la plus développée, la plus cultivée et la plus répandue, nous présente tout d'abord la distinction essentielle de deux idiomes fondamentaux, celui du nord et celui du midi, de même qu'on voit dans les pays germaniques l'allemand se partager en haut et bas-allemand. Cette division du français, qui date de son origine même et des premiers temps du moyen âge, était, on le sait, caractérisée à cette époque par les deux dénominations de *langue d'oc* et de *langue d'oil* (1).

L'un et l'autre de ces idiomes principaux se subdivisaient et se subdivisent encore en une infinité de dialectes inférieurs, particulièrement dans le midi, où il est peu de cantons, peu de localités même d'une certaine importance, qui n'offrent quelque variété sensible dans le langage. Parmi ces divers *patois*, plusieurs possèdent des ouvrages littéraires en prose et en vers, sinon toujours d'une élaboration parfaite, au moins d'une étude curieuse, et la plupart sont doués d'un vocabulaire suffisamment étendu. L'on se rappellera qu'en 1803, Chaptal, alors ministre, fit traduire la parabole de l'enfant prodigue en plus de cent dialectes différents, appartenant tous à la langue française.

---

(1) L'on sait également que cette appellation tirait son origine de la particule affirmative, qui, dans le midi de la France, se rendait par *oc*, dans le nord par *oil* ou *oui*, et en Italie par *si*, d'où les noms de *langue d'oc*, *langue d'oil*, *langue de si*, etc.

Les idiomes du midi ont pour caractère distinctif une souplesse plus grande, une accentuation plus molle et des analogies plus marquées avec le latin. On sait que leur développement précéda de beaucoup celui des idiomes septentrionaux, et qu'ils présentèrent, dès avant le XIIIe siècle, la littérature la plus féconde et la plus cultivée de l'Europe. Les plus remarquables, sous ce rapport, étaient et sont encore les dialectes du Languedoc et de la Provence. Le langage du Roussillon, nous l'avons déjà dit, se rapproche beaucoup du catalan, et ceux de la Gascogne et du Béarn ont de grands rapports avec l'espagnol pur.

La ligne de démarcation entre le français du nord et celui du midi peut être tracée assez exactement le long des frontières du Dauphiné, du Lyonnais, de l'Auvergne et du Limousin, c'est-à-dire, en suivant à peu de chose près le parallèle du 46e degré de latitude.

Parmi les dialectes septentrionaux de la France, nous citerons d'abord le bourguignon, lequel donna autrefois naissance à certaines compositions fort originales, et entre autres à ces chansons populaires si connues sous le nom de *noëls*. Le dialecte lorrain se ressent déjà de l'influence des populations germaniques avoisinantes. Enfin, aux extrémités nord-est et nord-ouest du territoire français, deux grandes provinces, la Bretagne et l'Alsace, n'appartiennent point aux pays de langue romane, la première ayant pour idiome populaire le celtique (*breizunce*), et l'autre, avec le tiers environ de la Lorraine, un dialecte germanique, bien que, de nos jours, l'usage du français s'y propage de plus en plus. Il en est de même de quelques cantons de l'ancienne Flandre (Nord et Pas-de-Calais), où environ 160,000 individus parlent encore le flamand. Par contre, la Normandie n'offre plus aucune trace de son antique langage scandinave, langage dont tout au plus pourrait-on retrouver encore quelques expressions isolées, conservées à l'état de termes techniques dans certaines professions, et principalement dans la marine. L'on peu approximativement évaluer à 1,300,000 âmes le domaine en France de l'idiome germanique; celui du celtique à environ un million, et à près de 100,000 celui de l'ancien basque, dans le département des Basses-Pyrénées.

C'est dans les provinces septentrionales de la monarchie que s'est constituée la véritable langue française, la langue moderne et littéraire, dont le dialecte parisien purifié forme maintenant l'expression réelle. Le français, celui des idiomes romans qui s'est le plus éloigné de son origine latine, s'en distingue par quelques particuliarités notables, et cela, il faut bien le dire, d'une manière parfois peu avantageuse, principalement sous le rapport euphonique. Ces particularités consistent dans une différence sensible entre le langage parlé et le langage écrit, dans la multiplicité des diphtongues, dans les intonations nasales, dans la composition défectueuse de beaucoup de mots, et enfin dans la pauvreté relative des formes et des constructions, inconvénients du reste puissamment compensés par sa vivacité, sa flexibilité et son extrême clarté, qui le rendent éminemment propre à l'expression des rapports sociaux, ce qui, joint à la perfection de la littérature et au puissant rôle politique que la France a été appelée à remplir depuis plus de deux siècles, l'a élevé au rang de langue universelle des classes supérieures de l'Europe policée.

L'usage du français s'étend vers le Nord à travers la Belgique, dans une moitié environ du grand duché de Luxembourg, et jusque dans une partie des provinces rhénanes appartenant à la Prusse, sans que l'on puisse assigner ici la limite précise qui le sépare de l'idiome allemand. Parmi les divers dialectes belges, un seul, le liégeois ou wallon, présente quelques productions littéraires. Ce dialecte, du reste, se rapproche sensiblement de ceux usités dans l'Artois et la Picardie.

Enfin vers la frontière *est* du territoire, nous trouvons le parler franc-comtois, qui de ce côté forme la séparation entre le français et les dialectes romans de l'Helvétie, lesquels eux-mêmes peuvent être répartis en trois divisions principales, savoir :

1° Les dialectes de l'ouest de la Suisse, comprenant Fribourg, Neuchâtel, Vaud, une partie de Berne et du Valais. Ici le français pur constitue l'idiome officiel, tandis que dans le langage ordinaire l'on se sert de divers patois, ne différant les uns des autres que par des nuances peu prononcées.

2° Les dialectes du midi, c'est-à-dire d'une partie du pays des Grisons et du canton du Tessin tout entier, lesquels se rapprochent de plus en plus du langage de la haute Italie, ce qui a fait donner à toute cette contrée le nom de Suisse italienne. Aucun d'eux ne présente, que nous sachions, de littérature propre et distincte. Enfin

3° Un idiome, usité dans le sud-est de la Suisse, et nommément dans quelques localités des Grisons, formant un rameau particulier de la famille romane, la langue *rhétoromane* (1), formée autrefois d'un mélange de

---

(1) Cette langue est appelée par les Allemands ses voisins, du nom de ***Churwäldrche*** ou ***Cher-***

latin avec les parlers indigènes, et dont l'origine remonte à la colonisation permanente des légions romaines dans l'ancienne Rhétie. Cette langue se partage elle-même en deux grandes divisions, le *ramon* ou *rumon* qu'on rencontre près des sources du Rhin dans les Grisons supérieurs ou dans la Ligue grise, et le dialecte *ladin*, usité dans la vallée d'Engaddin, depuis les sources de l'Inn jusqu'aux frontières du Tyrol.

De ces deux dialectes principaux qui se subdivisent encore en un grand nombre de patois inférieurs, le premier se trouve mêlé de mots et de tournures germaniques, le second au contraire, se rapproche beaucoup plus du latin pur. La langue rhéto-romane occupe à peu près la moitié du territoire central des

---

welsche sprache (italien (1) de *chur* ou *coire*) et par corruption *Kauderwelsche*, dénomination appliquée souvent d'une façon dérisoire à toute espèce de langage informe et irrégulier.

(1) L'Italie était autrefois et se trouve encore maintenant quelquefois désignée par le nom vulgaire de *Welschland*, terre des Welches.

Grisons, et quant au reste de ce petit pays, dans le nord, c'est l'allemand, et au midi, l'italien qui domine.

Le passage du français à l'italien s'opère par l'intermédiaire des patois du Dauphiné et de la Provence, et du côté de la Suisse, par celui d'une partie du Valais, c'est-à-dire du Valais inférieur. Toutefois dans l'état de Genève et dans la Savoie, le dialecte est demeuré complétement français. Au delà même des Alpes, dans les vallées nord et nord-ouest du Piémont, le fond du langage tient encore du français, et même il serait assez difficile de déterminer ici entre les deux langues la limite bien précise, limite qu'on pourrait cependant fixer à peu près de cette manière, savoir, le long d'une ligne qui, partant du val de la Sesia, remonterait le cours de la Doire, puis continuerait à la base de la grande chaîne des Alpes, jusque vers le pied du mont Viso. A mesure qu'on s'éloigne des hauteurs, l'influence du français s'affaiblit de plus en plus. Déjà le parler piémontais en offre moins de traces, lesquelles disparaissent presque entièrement lorsqu'on entre dans les plaines de la Lombardie. Ajoutons que le caractère particulier de tous ces dialectes de la haute Italie (dont le plus développé est le dialecte milanais), consiste dans des intonations brèves et presque dures, de telle sorte que la plupart des mots s'y terminent par des consonnes, tandis que le principe contraire prédomine dans la langue centrale ou langue littéraire. Néanmoins, il faut sous ce rapport citer, à titre d'exception, certains idiomes du littoral, et nommément ceux de Gênes et de Venise qui, et principalement le dernier, se distinguent par une extrême douceur.

Enfin, en outre des parties de la Suisse ci-dessus désignées, l'usage de l'italien s'étend encore dans le sud du Tyrol, dans la province de Trieste, et le long de l'Adriatique, dans le Frioul et la Dalmatie entière. Cependant au milieu même de contrées tout italiennes, l'on rencontre çà et là des localités allemandes de race et de langue, telles que huit communes situées au pied du mont Rosa (contenant environ 7,000 habitants), 13 paroisses à l'est de Roveredo, et sept autres entre le cours supérieur de la Brenta et le pays de Vicence.

Mais c'est dans la partie centrale de la péninsule que règne la véritable langue italienne, cette langue tout à la fois douce et harmonieuse, énergique et passionnée. Néanmoins quelques dialectes locaux y présentent encore des particularités distinctives, notamment certaines intonations gutturales, comme le son de la lettre *c* tel qu'il est prononcé à Florence et aux environs, etc. C'est le langage de Sienne et de son territoire qui passe avec raison pour l'un des plus purs de toute l'Italie (1). Nous devons encore citer sous ce rapport celui de la Corse, qui est d'une grande correction, aussi bien dans l'accent que dans les constructions, de telle sorte qu'il n'y existe presque point de patois, et cela sans en ex-

(1) Aussi dit-on encore en Italie *lingua toscana*, à peu près comme en Espagne *lengua castellana*. L'accentuation la plus parfaite se trouve à Rome et dans les localités avoisinantes. De là le dicton populaire connu : *lingua toscana in bocca romana*.

cepter même les parties reculées et montagneuses de l'île.

Parmi les dialectes méridionaux de l'Italie, les plus importants sont le napolitain proprement dit et le sicilien. L'un et l'autre, ainsi que le dialecte de la Sardaigne (1), présentent des traces évidentes de grec et même d'arabe, et principalement le maltais, qui n'est en réalité qu'un patois tiré de cette dernière langue, mélangé d'italien, et servant de transition entre les idiomes de l'Europe et ceux de l'Afrique. Disons enfin qu'aucune des contrées de notre continent n'offre de variations aussi fréquentes dans le langage que certaines parties de l'Italie, où par exemple, dans la Romagne et sur les bords de l'Adriatique, l'on ne saurait faire quelques lieues sans rencontrer un dialecte nouveau, conséquence du morcellement séculaire de ce beau pays et de l'état d'antagonisme soit

---

(1) Cependant dans certains districts de cette île, le langage se rapproche beaucoup du catalan.

politique, soit moral qui a existé, et qui existe encore entre les diverses populations. Ajoutons que presque tous possèdent des littératures propres et locales, nées de cette disposition inhérente à la nation italienne pour les vers et la musique. Aussi la plupart de leurs chants populaires sont-ils de véritables monuments poétiques.

Toutes les branches citées jusqu'ici de la grande famille romane présentent entre elles des analogies plus ou moins prononcées, de telle sorte que, répandues qu'elles sont dans des contrées voisines et contiguës, le passage de l'une à l'autre se produit d'une manière souvent insensible. Il en existe une cependant entièrement séparée, qui a su se maintenir dans son intégrité, bien qu'entourée de toutes parts de langues et de nationalités complétement différentes. Nous voulons parler de l'idiome valaque, dont il faut attribuer l'origine aux colonies romaines (1), établies par

(1) Aussi les habitants de ces pays se donnent-ils à eux-mêmes le nom de Romains ou Roumains, *Romanechty*.

Trajan dans l'ancienne Dacie, idiome qui s'étend dans les deux principautés de Moldavie et de Valachie, ainsi que dans certains districts limitrophes de la Hongrie et de la Transylvanie, dans la Bessarabie entière, et partiellement au delà du Danube jusque dans la Thrace, la Macédoine et même la Thessalie. Néanmoins, par suite du mélange continuel des peuples venus successivement se fixer dans ces contrées, la langue dont nous parlons a subi de nombreuses modifications, et c'est à peine si une moitié de ses mots rappelle encore sa source primitive (le latin), les autres appartenant tous à des idiomes étrangers, tels que le slave, le magyar, l'albanais, le grec et le turc. Et cependant son esprit et ses constructions mêmes sont demeurés essentiellement romans, se rapprochant surtout de l'italien, bien que par suite de l'introduction dans son écriture de l'alphabet slave, ou métho-cyrillien, elle semble par sa forme extérieure tenir de cette dernière langue. Toutefois, et de nos jours déjà, l'on a cherché à y substituer l'emploi des caractères latins, avec adjonction de divers signes et accents, changement qui cependant trouve encore de nombreux contradicteurs et n'a point été jusqu'ici généralement adopté. L'idiome valaque se trouve partagé par le cours du Danube en deux dialectes distincts: l'un celui du nord ou *daco-romain* (le moldo-valaque proprement dit), et l'autre le dialecte méridional, ou *macédo-romain*. Le premier, moins mélangé d'éléments hétérogènes, présente une sorte de littérature, du reste presqu'exclusivement ecclésiastique, et qui même ne remonte pas au delà des dernières années du XVIe siècle (1).

Après cet aperçu rapide de la distribution sur notre continent des diverses langues romanes, nous passerons à quelques considérations générales sur leur origine, leur caractère et leurs développements successifs. Ces langues, dont l'usage est exclusivement

---

(1) Dans les derniers temps, cette littérature a pris des développements considérables.

limité aux contrées ayant fait jadis partie de l'empire des Césars, ces langues, par la nature même de leur vocabulaire, semblent incontestablement descendre en droiture du latin. Néanmoins, une comparaison attentive entre elles et l'idiome primitif y fait découvrir des différences tellement essentielles, que plusieurs linguistes ont cru pouvoir leur attribuer une origine celtique, en admettant comme de raison, l'adjonction d'un grand nombre de mots tirés de la langue des Romains. Quelques-uns, et entre autres Raynouard, les font dériver de l'ancien idiome provençal (ou langue romane proprement dite), idiome dont cependant ils n'établissent point la formation d'une manière bien précise. Parmi ceux-là mêmes qui leur reconnaissent une descendance entièrement latine, il existe encore différents systèmes, dont le premier les considère comme résultant d'un mélange du latin avec des idiomes germaniques ou plutôt gothiques, et l'autre comme n'étant qu'une modification, voire une corruption de ce latin même. Quant à nous, nous pensons que cette dernière opinion, pour devenir acceptable, doit être présentée d'une manière exactement opposée, à savoir que les langues romanes ne proviennent que d'un développement naturel, progressif et *perfectionné* des dialectes locaux usités dans les diverses provinces de l'empire, nous disons perfectionné, car elles nous semblent offrir des avantages nombreux sur le latin dont elles dérivent, ou du moins sur le latin littéraire, le seul qui nous soit présentement connu. C'est là ce que nous essaierons de prouver avec toute la brièveté que comporte le sujet.

II.

Les langues appelées romanes, toutes dérivées qu'elles soient du latin, s'en distinguent néanmoins pour la plupart (1), par

---

(1) Bien entendu, à divers degrés, selon les idiomes.

diverses particularités caractéristiques, dont les principales sont :

1° Une adhérence bien plus stricte aux règles de l'euphonie. Sous ce rapport, nous citerons seulement les adoucissements apportés à la plupart des terminaisons et des désinences latines, plus l'emploi de plusieurs sons nouveaux, tels que des diphtongues *au*, *ou*, *eu*, *ue*, *uo*, *ie*, etc., si utiles dans la prononciation, et, enfin, l'usage de certaines intonations sifflantes ou gutturales (le *j* espagnol), éminemment propres à donner à cette prononciation un surcroît de force et d'énergie.

2° En poésie, et quant à la construction et à la facture du vers, par un système tout à la fois plus simple et plus harmonieux, et cela surtout au moyen de ce retour périodique des mêmes intonations que nous appelons la rime. Cet emploi de la rime, abandonné des Romains au temps de l'adoption par eux du rhythme grec, consistant dans une alternative de syllabes longues et brèves, ce procédé, disons-nous, paraît néanmoins s'être conservé dans quelques-uns de leurs chants anciens et populaires, tels que dans ces vers appelés *saturnins*, etc. Enfin personne ne contestera, sans doute, que des poésies italiennes et espagnoles, ne soient non-seulement plus appropriées à la musique, mais encore ne l'emportent infiniment sur des vers latins du même genre, autant par la douceur et l'harmonie, que par ce naturel et cette grâce native, qui forment leur caractère essentiel et distinctif!

3° Passant maintenant aux formes et aux procédés purement mécaniques, nous voyons encore l'avantage se maintenir en notre faveur, et cela sous le double rapport de la concision et de la clarté, avantage que, selon toute apparence, possédaient déjà les dialectes populaires usités dans l'empire, dialectes toujours plus *matériels*, s'il est permis de le dire, et plus expressifs que les langues exclusivement *écrites*. Cette lucidité supérieure, qui nous caractérise, tient beaucoup sans doute à l'emploi devenu général de ces particules nommés *articles*, lesquelles, après avoir manqué dans toutes les langues anciennes, s'y sont successivement introduites, à mesure que ces langues arrivaient par la pratique à un degré plus grand de précision. Ainsi il paraîtrait que dans l'idiome usuel des Romains les mots *unus* et *ille* se trouvaient fréquemment employés, le premier comme article défini, l'autre comme article indéfini, emploi dont nous trouvons de fréquentes applications dans les comédies de Plaute et de Térence. Un seul exemple suffirait, s'il le fallait, pour établir l'incontestable avantage de l'article pour l'expression des nuances multipliées du langage parlé, tel serait le mot *pain*, qui chez les Latins ne pouvait se rendre que par *panis*, tandis que nous disons *pain*, *le pain*, *un pain*, *du pain*, etc.

4° Visant sans cesse à la clarté, les langues romanes, tout en joignant ainsi l'article au substantif, le débarrassaient en même temps des diverses terminaisons qui, dans le latin, servaient à la désignation des *cas*, ou des relations réciproques des mots entre eux. Déjà chez les Romains, ces terminaisons n'étant que faiblement senties dans la rapidité du discours ordinaire, il fallut, sous peine de tomber dans la confusion, les supprimer peu à peu, et les remplacer par des particules conjonctives, telles que les particules *de* et *ad*, et s'habituer par exemple, au lieu de *patris* et *patri*, à dire *de patre*, et *ad patrem* (1), changement qui passa ensuite dans la langue littéraire, ainsi qu'on l'observe fréquemment dans saint Jérome et autres écrivains de cette époque. Il devint plus caractérisé encore dans les idiômes modernes, lesquels ont fait disparaître entièrement ces anciennes terminaisons, ne les conservant parfois (comme en italien), que pour spéci-

---

(1) Le procédé dont il s'agit s'est introduit non-seulement dans les langues romanes, mais même aussi dans les idiomes germaniques; c'est ainsi par exemple, qu'en allemand l'on dit ***der König von Preussen*** (le roi de Prusse), plus généralement que ***Preussen's König***, ou bien, ***ich schreibe an dich*** (je t'écris), au lieu de : ***ich schreibe dir***, etc., etc. Il ne saurait être question ici des langues slaves, qui n'ont point d'articles à proprement parler.

fier certaines différences, soit dans les genres, soit dans les nombres. Aussi, dans presque tous les mots d'origine latine, leurs racines seules ont été maintenues, et cela encore avec les changements indispensables exigés par l'euphonie. Tels seraient par exemple le mot *lepus*, *leporis*, dont on a conservé *lepor* ou *lepr*, et fait en français *lièvre*, en italien *lepre ;* et le mot *tempus*, chez nous *temps*, en italien *tempo*, en espagnol *tiempo*, etc., etc.

5° Une autre modification d'une certaine importance consiste dans l'abandon total du troisième genre ou genre neutre, usité chez les anciens, et existant encore maintenant dans la plupart des dialectes germaniques (l'anglais excepté) (1). Cet abandon du neutre nous a été fréquemment reproché par les admirateurs des idiomes classiques, et fort à tort nous le croyons, le genre dont il s'agit

---

(1) Il a aussi été conservé dans la langue espagnole, seulement son emploi s'y trouve infiniment restreint.

ne remplissant en général, et dans le latin même, que fort imparfaitement son but, celui de servir à la désignation *des choses*, ou objets privés de vie, lesquels, de tout temps animés par l'imagination des écrivains, ont reçu d'eux, pour la plupart, des attributions soit masculines soit féminines. Il en est résulté que cette application du neutre s'étant toujours faite d'une manière plus ou moins arbitraire, nos langues romanes ont jugé non sans raison, devoir répartir tous les substantifs neutres parmi les deux autres genres, et d'en faire de même à l'égard de ces mots, dérivant en général des adjectifs ou des verbes, et exprimant, soit des qualités physiques et morales, soit des notions purement intellectuelles, telsque les suivants: amertume, douceur, bonté, âme, esprit, sentiment, mémoire, etc.

6° Cette tendance si caractéristique de nos langues vers la clarté se manifeste encore dans quelques changements apportés par elles *aux degrés de comparaison*, et, ce qui prouve leur extrême flexibilité, c'est qu'elles ont en même temps conservé les inversions latines partout où elles leur semblaient utiles et nécessaires, comme dans les mots *meilleur*, *pire*, *migliore*, *maggiore*, et ainsi de suite. L'avantage de ces changements (consistant dans l'adjonction de certaines particules adverbiales), est encore plus apparent à l'égard des superlatifs, comme par exemple pour le mot *felicissimus*, lequel pouvait signifier également *très-heureux* et *le plus heureux*, tandis que les Italiens ont pour cela les deux expressions *il più felice* et *felicissimo*, etc. Du reste l'on rencontre déjà des expressions de ce genre chez les auteurs de la dernière époque de la latinité, et des locutions telles que *magis pius*, *magis bonus*, *magis deformis*, et autres semblables, etc.

7° Mais de toutes les modifications appliquées à l'idiome primitif, les plus importantes sans contredit sont celles relatives aux conjugaisons. Ici cependant la matière devient tellement vaste, que pour éviter de faire un véritable traité de grammaire, il faut nécessairement nous borner à quelques observations sommaires. Ainsi, remarquons d'abord que nos verbes, comparés aux verbes latins, sont beaucoup plus riches quant au nombre *des temps*, et cela par suite d'un emploi judicieux et bien plus fréquent des verbes auxiliaires. C'est de cette manière que nous avons obtenu le passé indéfini, comme *j'ai fait*, imité de *habeo factum* (expression non classique), tout en conservant le passé défini, *je fis*, *feci*, etc. Il en est de même du futur et du conditionnel, que nous composons directement, tandis que pour cela les Latins étaient obligés de combiner un auxiliaire avec l'infinitif. Nous disons donc *je ferai*, pour *j'ai à faire*, *habeo facere* (1); *je ferais*, pour *j'aurais à faire*, etc., etc.

En général, il est deux sortes de mutations appliquées aux conjugaisons : la première, plus ancienne, que nous appellerons *mutation simple*, consiste dans une modification directe du mot primitif ou radical, sans ad-

---

(1) Cicéron.

jonction d'aucun autre, comme par exemple en allemand pour le verbe *sprechen* (parler), où l'on dit, *ich spreche*, je parle; *ich sprach*, je parlai; *gesprochen*, parlé, et en latin *ago*, *egi*, etc.; la seconde que nous nommerons *mutation composée*, et qui procède par l'addition d'un verbe auxiliaire placé, soit au commencement, suivi du verbe principal à l'état de participe, soit à la fin sous une forme abrégée, comme par exemple, dans *ama-vi*, pour *ama-fui*; et en allemand, *ich lieb-te*, j'aimai (infinitif *lieben*, aimer), pour *ich that lieben*, je *fis* aimer, etc. Ces deux modes de mutation se rencontrent, il est vrai, dans le latin aussi bien que dans les langues modernes, seulement chez nous, et au moyen de l'emploi des diphtongues *ai*, *oi*, etc., elles se produisent d'une manière à la fois plus simple et plus commode.

Enfin, les idiomes romans ont su encore éliminer utilement certaines terminaisons affectées aux verbes latins, et qui, existant pareillement dans le grec, servaient principalement à la désignation des personnes.

Ainsi au présent de l'indicatif du verbe *être*, *esmé* ou *esmé je suis*, signifiait dans l'origine *suis-je* ou plutôt *être-je* (*mé* pour *je*), et en latin *sum* ou *su-m*, l'*m* se trouvant là pour indiquer la première personne, et cela à titre de lettre radicale de *mihi*, *me* (à moi, me), etc. Ces lettres caractéristiques, placées d'abord à la fin des verbes, disparurent ensuite peu à peu dans la plupart des cas avec le souvenir de leur origine étymologique, de telle sorte qu'en latin par exemple, l'on s'habitue à mettre *do*, je donne, pour *do-m* ou *dom*, etc. Nos langues modernes, qui dès le principe, avaient adopté la voie de la déduction logique, maintinrent invariablement cette exclusion, mais, par contre, elles firent (dans le français surtout), précéder les verbes par les pronoms *je*, *tu*, *il*, etc., en disant *j'aime* pour *amo-m* ou *amo*, *tu aimes* pour *ama-s*, *il aime* pour *ama-t*, modification d'une utilité évidente pour la clarté et la simplicité du discours.

III.

Nous nous sommes efforcé d'établir que les langues romanes, censées dérivées, en droiture du latin, provenaient en réalité selon nous, des perfectionnements graduels apportés aux divers dialectes des provinces, et de plus, qu'elles possédaient des avantages incontestables sur ce latin même, c'est-à-dire le latin littéraire, tel du moins qu'il nous est maintenant parvenu. Aux considérations présentées ci-dessus à l'appui de cette opinion, il nous faut joindre quelques derniers développements, nécessaires pour compléter notre démonstration sous ce double rapport.

A l'époque de la chute de la société romaine, c'est-à-dire après la dissolution de l'empire d'Occident, et lorsque tout se transformait dans le monde antique, la langue, elle aussi, dut participer à ce mouvement général dans les institutions et les choses. Mais par suite de cette sorte d'autorité qu'exerce toujours une civilisation supérieure, et qui survit à la puissance même, la langue des maîtres, l'ancienne langue administrative et judiciaire, ne put complétement disparaître du sol où elle avait si longtemps dominé. Aussi, dans toutes les provinces (hors les provinces celtiques, germaines et celles demeurées invariablement helléniques), vit-on le latin former encore la base des nouveaux idiomes, mais en même temps se modifier, s'étendre, s'enrichir, et cela par l'action d'influences diverses, les unes venues du dehors, les autres inhérentes aux localités elles-mêmes. Car ces provinces, bien que depuis longtemps entièrement romaines par la constitution, les mœurs et les habitudes, ces provinces, disons-nous, à mesure qu'elles commencèrent à se détacher du corps vermoulu de l'empire, retrouvèrent aussitôt quelques-uns de leurs anciens types de nationalité, dont certains restes s'étaient toujours conservés dans les centres inférieurs des populations.

De la combinaison de ces éléments, joints à ceux importés par les races septentrionales, venues successivement se fixer dans ces contrées, dut résulter de toute nécessité (nous ne parlons ici que de la langue), rajeunissement, développement, création de formes, puis ensuite de littératures nouvelles, en place de la littérature romaine, vieillie déjà, et de plus, demeurée à peu près étrangère au grand nombre, et cultivée exclusivement au sein des classes élevées, ou dans l'élite de la société d'alors.

Or, maintenant, et après ces considérations toutes générales, nous passerons à quelques autres d'une nature plus directe, et principalement à l'examen de l'assertion fréquemment reproduite, concernant la pauvreté relative de nos langues romanes, comparées soit au latin, soit aux dialectes germaniques.

Certains philologues d'outre-Rhin, amoureux de leur idiome natal, ont prétendu contester aux nôtres (1), non seulement la

---

(1) Aux idiomes romans.

richesse, c'est-à-dire l'abondance des expressions et des mots, mais encore tout caractère individuel et tout cachet d'originalité, qui ne sauraient, disent-ils, appartenir à des langues provenant d'une source étrangère, et qui ont tant de peine à retrouver jusqu'aux racines de la plupart des mots dont elles font un usage habituel. En réponse à cette grave accusation, nous soutiendrons au contraire, que, même comme richesse, les langues romanes l'emportent infiniment sur ce latin qu'on leur oppose, et ne le cèdent à cet égard à aucun des idiomes germaniques actuels, tout en leur restant fort supérieures pour la variété et la flexibilité. Et quant à la difficulté de remonter à l'origine de certaines expressions, cette difficulté est assurément plus réelle encore dans les langues germaniques, où il faut, pour rechercher des étymologies, fouiller dans l'ancien tudesque et le gothique, idiomes dont il existe maintenant peu de traces, tandis que nous sommes encore en possession du latin, ou du moins du latin littéraire. Du reste, une appréciation exacte des sources n'appartient en tout pays qu'aux érudits de profession, et par suite de l'incertitude qui subsistera toujours sous ce rapport, peut-être aucune nation ne saurait-elle maintenant prétendre à une connaissance tout à fait complète de l'idiome même qui lui est propre. Ajoutons que ce qu'on nomme ici *richesse* consiste moins peut-être dans la quantité des mots ou des racines que dans celle des changements qu'on est à même d'y apporter pour exprimer les nuances diverses de la pensée. Or, nos langues romanes, tout en renonçant à l'emploi de beaucoup de mots appartenant au latin, ont su par contre tirer des autres de nombreux dérivés, et c'est en cela surtout que se montre leur grande puissance créatrice. Ces dérivés, qui ont tant contribué à enrichir notre vocabulaire, se sont formés en général de la manière suivante : 1° par une application plus libre et moins restreinte de beaucoup d'expressions latines (1); 2° par de légères varia-

(1) Les Romains se permettaient à peine la

tions apportées à certaines terminaisons, comme, dans le français, pour la terminaison latine *itia* en *ice* et en *esse* (d'où *justice* et *justesse* dérivant de *justitia*); en italien, pour *icius* et *iceus* en *accio*, *eccio*, *iccio*, *occio* et *uccio*; en espagnol, de *iscus* en *asco*, *esco*, *usco*, etc.; d'où sont résultées beaucoup de significations nouvelles et d'applications ingénieuses; et 3° par la faculté que nous nous sommes attribuée de former un grand nombre de substantifs soit des adjectifs latins, comme par exemple *aube*, *soir*, de *albus*, *serus*, etc., soit des verbes, tels que *blâme*, *doute*, *estime*, pris de *blasphemare*, *dubitare*, *æstimare*, etc., etc.; ce qui a donné naissance à la plupart de ces mots exprimant les rapports intellectuels, mots qui manquaient essentiellement au latin. De plus les Romans (surtout les Italiens et les Espagnols) ont trouvé un moyen ingénieux de nuancer

---

composition d'adjectifs nouveaux, et l'emploi de mots tels que *naturalis*, *corporalis*, *possibilis*, etc.

infiniment le langage, et cela par l'adjonction à la plupart des substantifs de terminaisons augmentatives ou diminutives, les dernières impliquant un sens soit de petitesse, de grâce ou d'affection, les autres de grandeur, de grosseur, de mépris, etc. Enfin une nouvelle sorte de richesse pour nos langues provient de leur facilité à convertir en verbes beaucoup de substantifs latins, moyennant quelques additions finales fort simples, comme dans les suivants : *occasionner*, *cheminer*, *commercer*, *naviguer*, etc.

Un autre avantage, qu'il convient de mentionner, résulte pour nous de cette disposition à former des expressions complexes, disposition inhérente aux *langues poétiques*, où l'alliance des mots entre eux s'opère dans l'imagination avant que de se traduire par la parole, en quoi elles diffèrent de celles que nous nommerons *utilitaires*, et qui manifestent plus de tendance vers la décomposition et l'analyse. Or la facilité dont nous parlons, et que nous trouvons déjà dans le grec de préférence au latin, langue essentiellement *utilitaire*, se montre à un degré bien plus marqué dans les idiomes romans, et aussi dans les idiomes germaniques. C'est ainsi que nous possédons un grand nombre de mots composés mi-partie de substantifs et de verbes, tels que ceux-ci : *perce-neige*, *trouble-fête*, *rabat-joie*, *tourne-bride* ; en italien *ruba-cuore* ; en espagnol *besamanos* ; en portugais *lanzaluz* (ver luisant, littéralement lance-lumière) etc., etc., (1).

Enfin les langues romanes ont su s'enrichir encore au moyen d'expressions empruntées à des idiomes étrangers, emprunts nécessités par le besoin de rendre tant d'objets matériels d'idées et de rapports divers, inconnus des anciens. On compte dans le français et l'italien environ un millier de ces mots d'origine germanique, et dans l'espagnol, presque autant qui sont dérivés de l'arabe, et appliqués aux sciences, aux arts, à la naviga-

(1) Et en allemand les mots *storefried*, *habedank*, et beaucoup d'autres.

tion, à la guerre, à la vénerie ,etc., etc. Il est vrai que, transportés dans nos langues, ils y ont subi des changements tels, qu'il est souvent difficile, maintenant, d'en retrouver la source, d'autant plus que leur emploi s'est en même temps étendu à de nombreuses significations accessoires, et qui n'existaient pas dans l'idiome primitif. Ainsi en prenant au hasard les trois mots germaniques suivants : *becken* (bassin), *flasche* (flacon) et *gemse* (chamois) (1), qui dans les dialectes allemands n'offrent aucuns dérivés, nous les trouvons modifiés et appliqués par nous à peu près comme il suit : de *becken*, bassin, nous avons fait *bassine*, *bassiner*, *bassinée*, *bassinoire*, *bassinet*, et en espagnol, *bacineta*, *bacinica*, *bacinilla*, *bacinejo* (petit bassin pour recueillir des aumônes), *bacinero* (collecteur d'aumônes); en italien, *bacciocola* (sorte d'instrument de musique en forme de bassin usité en Toscane, dérivation toute locale), etc. De *flasca*

(1) En vieux tudesque *bechin*, *flasca*, *gamz*.

4

ou *flasche*, flacon, les italiens ont formé *fiascone*, *fiascaccio* (grand flacon), *fiaschetta*, *fiaschettina* (petit flacon), *fiascajo* (vendeur de vin en flacons), *fiascheggiare* (vendre du vin en flacons), etc. Enfin, de *gamz*, chamois (en portugais *gamu*, en espagnol *gamuza*, en italien *camoscio*) (1), dérivent en français les mots chamoiser, chamoiseur, chamoiserie, et en italien *camosciare*, *camosciatura*, etc.

Disons encore au sujet des emprunts dont il s'agit, qu'ils ont été fréquemment allégués à l'appui du reproche d'indigence à nous adressé par les linguistes de la Germanie, si fiers de ce qu'ils appellent le caractère national de leur idiome. Et cependant (comme il ressort des exemples précédents, et qu'il serait facile de le prouver par beaucoup d'autres), tous les mots qui de leurs langues ont passé dans celles du midi de l'Europe, y ont non-seulement éprouvé des transformations et des assimilations qui leur donnent pour

---

(1) D'où peut-être *camiscia* ou *camicia*, chemise.

ainsi dire droit complet de cité, mais encore de notables améliorations, si bien que les Allemands eux-mêmes se sont empressés d'en reprendre plusieurs sous cette forme nouvelle, pour suppléer en quelque sorte à ce qu'ils sentaient instinctivement leur manquer comme souplesse, variété et élégance. Et nous le demandons ici, quelle est donc la langue moderne qui pourrait justement se qualifier d'autochthone, après ce mouvement général, et ce mélange de races opéré lors de la chute de la société antique, mélange devenu plus complet encore de nos jours, à la suite de ces rapprochements intimes, et de ces réactions incessantes entre les diverses nations de la terre ?... Enfin, n'est-ce point surtout en matière de philologie, qu'il est permis de revendiquer l'ancien axiome de droit qu'en toutes choses la possession fait titre, et que l'emprunt peut se trouver légitimé par l'usage ?...

Il nous reste maintenant à présenter quelques dernières considérations, qui serviront à compléter et à résumer en même temps nos observations précédentes.

Nous avons plus d'une fois, dans ce court aperçu, essayé de faire ressortir cette tendance remarquable et éminemment caractéristique de nos langues romanes vers la simplicité et la clarté; tendance qui se manifeste non-seulement dans les mots isolés, mais aussi dans leurs diverses combinaisons et dans les formes mêmes du langage, formes toujours logiques, naturelles et si différentes des constructions lourdes et compliquées du latin littéraire, où le membre principal de la phrase, le verbe, constamment rejeté à la fin (1), l'obscurcit en l'allongeant, tandis que chez nous, placé au centre, il voit toutes ses parties accessoires se grouper autour de lui dans un ordre régulier.

Cette même simplicité, à la fois lucide et

---

(1) Il en est de même dans la langue allemande, où l'on est souvent obligé d'arriver à l'extrémité d'une page tout entière pour en saisir le sens, exprimé par l'infinitif du verbe, renvoyé ainsi tout au bout d'une période qui semble souvent interminable.

rationnelle, n'existe pas moins dans l'enchaînement des phrases entre elles et leur combinaison en périodes, à quoi contribue puissamment la richesse de nos langues en particules *explétives*, d'où leur flexibilité et leur grande aptitude à se ployer au style de la conversation, tandis que le latin, toujours raide et compassé, ne possédait même pas, disons-le en passant, d'expression précise pour l'affirmation et la négation, c'est-à-dire pour *oui* et pour *non*. D'autre part également, nos langues ne sont dépourvues ni de concision ni de force, et nous avons déjà remarqué comment, dans le procédé appliqué aux conjugaisons, elles savaient, à l'égal du latin, employer les temps primitifs, et user avantageusement des verbes auxiliaires.

Enfin, et pour ce qui est du mode de formation de nos idiomes romans, cette formation, ainsi que nous l'avons exposé, s'est effectuée successivement par une sorte de travail intérieur, et non pas, comme on l'a prétendu, par l'effet d'influences apportées du dehors ; car, et nous le répétons encore, la plupart des différences qui les distinguent du latin classique existaient certainement en germe dans les dialectes usuels et locaux de l'Italie et des provinces, et le seul résultat de l'action extérieure a été d'augmenter leur *matériel*, les bases demeurant essentiellement latines. C'est d'une manière semblable qu'on a vu le grec moderne se former du grec ancien, et les diverses langues germaniques naître de l'ancien tudesque. Parmi ces dernières, l'anglais seul a suivi une marche différente, dans ce sens qu'un idiome germanique y fut forcément implanté à la suite de l'invasion saxonne, idiome qui, depuis, a toujours constitué le fond de cette langue, dont les formes seules se sont ensuite modifiées par l'influence du temps et de la conquête normande.

Nous terminerons cet exposé par les réflexions suivantes. Si, comme nous avons cherché à le démontrer, les idiomes romans, ces dérivés du latin, ne nous offrent dans leurs traits généraux que ce latin même accru et perfectionné, il en résulterait pour les hommes voués à l'étude exclusive des lettres appelées classiques, nous dirons presque l'obligation de revenir sur des préventions peu fondées, sucées pour ainsi dire avec le lait de l'école, à l'égard des langues modernes usitées de nos jours. Il y a plus, c'est que ce latin, objet de leur culte, ce latin même, ils ne le connaissent que bien imparfaitement, vu l'extrême difficulté d'en suivre maintenant les développements, depuis ses éléments rudes et primitifs, jusqu'à cette époque qu'on appelle l'âge d'or de sa littérature. Nous ajouterons que le latin qui nous est ainsi parvenu, n'est à proprement parler qu'un langage de convention, peu accessible sans doute au vulgaire du temps et aussi insuffisant, quant à une juste appréciation de l'idiome véritable, que le serait de nos jours pour un étranger, la lecture de quelques fragments de nos auteurs classiques, poètes, historiens et philosophes. Enfin, et pour entrer à cet égard dans une véritable voie de progrès, il faudrait même, nous le croyons, ne négliger l'étude d'aucun patois, car c'est de la comparaison attentive de tous ces éléments que peut uniquement jaillir la véritable lumière qui doit un jour éclairer la science philologique.

www.ingramcontent.com/pod-product-compliance
Ingram Content Group UK Ltd.
Pitfield, Milton Keynes, MK11 3LW, UK
UKHW021503260726
13993UKWH00004B/1534